Let's Play
Spiel mit! So wird's gemacht!

Schütte die Plättchen mit den Zahlen von 1 bis 24 in den aufgeklappten unbedruckten Kastendeckel!
Dann lies die kurze Erklärung durch, die dir bei jedem Spiel sagt, wie du es machen mußt! Ein Beispiel bei jedem Spiel hilft dir, die erste Aufgabe richtig zu lösen und das erste Plättchen auf das richtige Feld der Kontrollplatte zu legen. Danach wählst du die anderen Plättchen in beliebiger Reihenfolge und machst es ebenso!
Vergiß nicht, bei jeder Aufgabe die englischen Wörter oder Sätze laut zu sprechen oder zu lesen! Dann fällt dir die Lösung leichter. Wenn alle 24 Plättchen auf der Kontrollplatte liegen, willst du natürlich wissen, ob alles richtig ist.
Das kannst du leicht prüfen. Schließe den Kasten, wende ihn geschlossen um und öffne ihn von der Rückseite!
Wenn du jetzt ein regelmäßiges Muster in drei verschiedenen Farben siehst, hast du alle Aufgaben richtig gelöst.
Passen jedoch einige Plättchen nicht in das Muster, so hast du dort Fehler gemacht. Wende diese Plättchen um, schließe den Kasten, lege ihn herum und öffne ihn wieder! Die Aufgaben zu den umgewendeten Plättchen mußt du noch einmal lösen!
Dann kontrolliere wie vorher!

Und nun viel Spaß!
Let's see what we know.

Animals

Auf der gegenüberliegenden Seite siehst du 24 Tiere. Weißt du, wie sie auf Englisch heißen? Nimm ein Plättchen und suche das Bild mit dieser Zahl! Dann suche für das abgebildete Tier das englische Wort in der untenstehenden Liste und lege das Plättchen auf das dahinter angegebene Feld der Kontrollplatte!

Beispiel: 4 Katze = cat 12
Also Plättchen 4 auf Feld 12.

	Feld
bear	19
calf	23
camel	4
cat	12
cock	6
cow	3
crocodile	10
dog	7
duck	21
elephant	14
fish	15
fox	17
goose	8
hamster	11
hen	1
horse	24
lion	22
mouse	20
panther	5
pig	13
rabbit	18
sheep	16
tiger	2
turkey	9

Suche aus der nebenstehenden Liste alle Haustiere heraus und schreibe ihre Namen in dein Heft!

Let's Go Camping

Ted hat eine Liste aufgestellt, was er alles zum Camping mitnehmen will. Aber Vater sagt: „Das paßt nicht alles in den Kofferraum." Auf der gegenüberliegenden Seite siehst du, was sie unbedingt mitnehmen müssen. Nimm ein Plättchen und suche das dazugehörige Bild! Dann suche das englische Wort für die abgebildeten Gegenstände und lege das Plättchen auf das dahinter angegebene Feld der Kontrollplatte!

Beispiel: [1] Wecker = alarm-clock 8
Also Plättchen [1] auf Feld 8.

	Feld		Feld
air-mattress	7	handkerchiefs	3
alarm-clock	8	jeans	1
apples	9	knives	5
ball	12	map	20
ball pen	10	oranges	21
bars of chocolate	1	paint-box	22
bikes	3	paint-brushes	23
blankets	5	pens	24
blazers	23	pencils	1
blouses	18	picture-books	5
books	13	pullovers	24
bucket	24	radio	22
camera	20	raincoats	21
camp-stools	9	shirts	18
camp-table	14	shoes	21
caps	7	shorts	17
coats	19	skirts	19
coffee-pot	1	socks	16
cups	11	spoons	23
dresses	4	suitcase	1
forks	6	tea-spoons	23
field-glasses	2	ties	17
glasses	2	trousers	13
guitar	10	umbrella	15

Schreibe auf, was Ted zu Hause lassen muß!
Zeichne die Dinge, die Ted zu Hause lassen muß!

What Are They Doing?

Kannst du auf englisch sagen, was die Menschen und Tiere auf den Bildern der gegenüberliegenden Seite tun?
Nimm ein Plättchen und suche das Bild mit dieser Zahl! Dann suche den dazugehörigen englischen Satz und lege das Plättchen auf das dahinter angegebene Feld der Kontrollplatte!

Beispiel: Bild [1] = The dog is barking. 7
Also Plättchen [1] auf Feld 7.

	Feld
Mother is going shopping.	1
He is painting a picture.	2
Father is getting up.	3
They are picking apples.	4
Helen is drinking Coca-Cola.	5
She is laughing.	6
The dog is barking.	7
Fred is drawing a fish.	8
Peter is cleaning his shoes.	9
He is eating a sandwich.	10
He is looking at the picture.	11
They are dancing.	12
They are watching television.	13
The cat is sleeping.	14
He is sitting on the chair	15
The girl is riding a bike.	16
Alice is writing a letter.	17
He is standing on the chair.	18
The boy is riding a bike.	19
They are playing football.	20
They are swimming.	21
Robert is reading a book.	22
The cat is running after the mouse.	23
Father is reading the newspaper.	24

What Are They Doing Now?

Jetzt machen wir es umgekehrt wie im vorigen Spiel. Nimm ein Plättchen und suche zuerst den dazugehörigen Satz! Dann suche das dazu passende Bild auf der gegenüberliegenden Seite! Die Zahl des Bildes gibt an, auf welches Feld der Kontrollplatte du das Plättchen legen mußt.

Beispiel: 1 The dog is running after the cat. = Bild 22
Also Plättchen 1 auf Feld 22.

1 The dog is running after the cat.
2 Alice is cleaning her shoes.
3 They are swimming.
4 Fred is drawing a fish.
5 Helen is drinking tea.
6 He is eating an apple.
7 Father is having breakfast.
8 Mother is going into the shop.
9 The girl is looking at the picture.
10 She is crying.
11 Robert is painting a picture.
12 They are picking flowers.
13 They are playing table tennis.
14 Peter is reading a book.
15 Father is reading a book.
16 The man is riding a bike.
17 The woman is riding a bike.
18 The cat is running after the ball.
19 The cat is sitting on the chair.
20 The cat is sleeping on the bed.
21 He is standing on the table.
22 They are jumping into the water.
23 Mother is watching television.
24 Paul is writing a letter.

1
2
3
4
5
6
7
8
9
10
11
12
13
14
15
16
Shop
17
18
20
21
22
23
24

What's the Time?

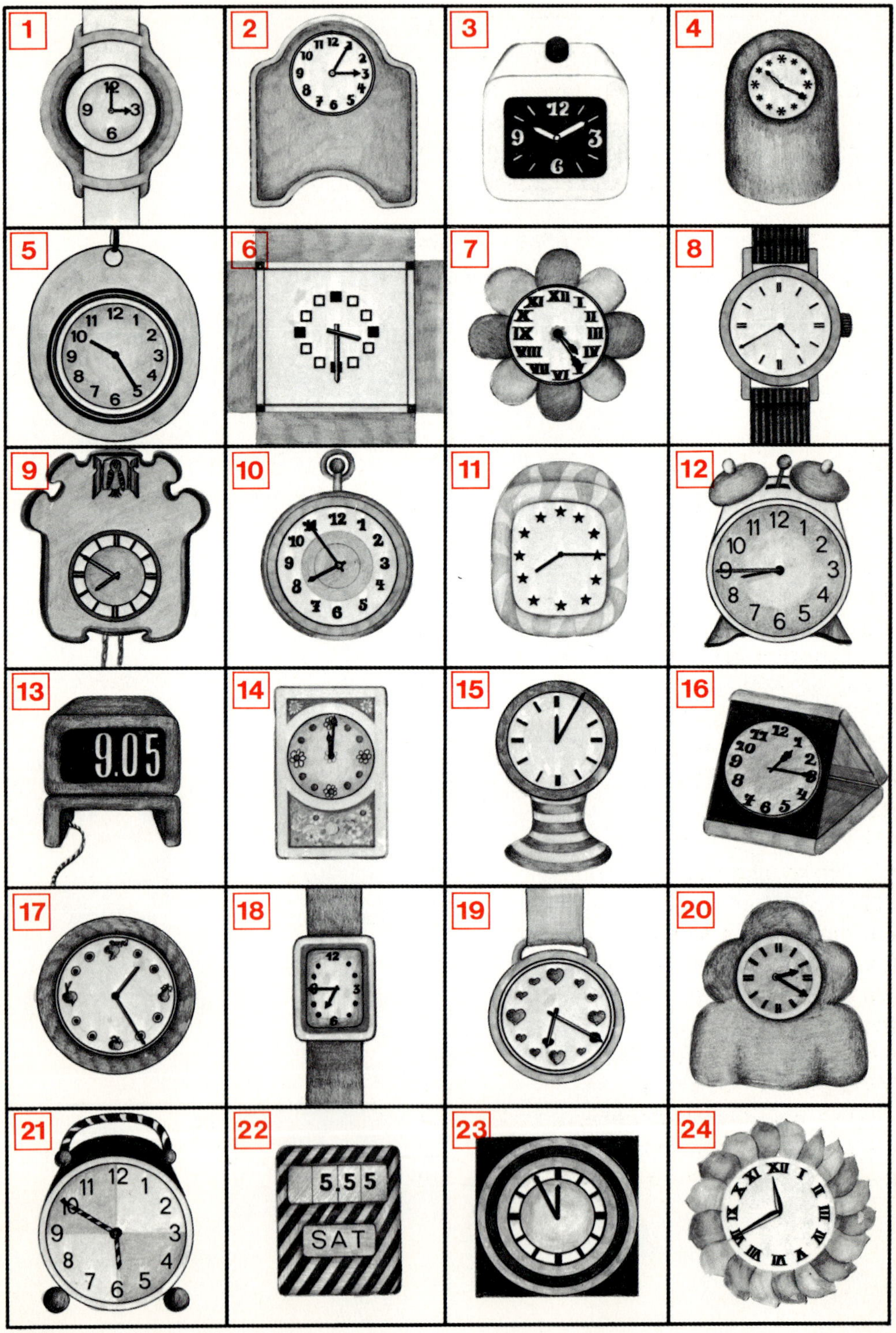

Kannst du die Zeit auf Englisch sagen? Auf der gegenüberliegenden Seite siehst du 24 Uhrzeiten. Nimm ein Plättchen und suche die Uhr unter dieser Nummer! Dann suche die entsprechende englische Zeitangabe und lege das Plättchen auf das dahinter angegebene Feld der Kontrollplatte! Vergiß nicht, die Zeit immer laut zu sagen!

Beispiel: [1] 3 Uhr = It's three o'clock. 15
Also Plättchen [1] auf Feld 15.

	Feld
It's twenty-five minutes past four.	2
It's twenty minutes to five.	3
It's a quarter past eight.	4
It's twenty-five minutes past ten.	6
It's five minutes to eight.	5
It's a quarter to nine.	1
It's five minutes past three.	8
It's three o'clock.	15
It's twenty minutes past ten.	16
It's ten minutes to eight.	12
It's ten minutes past ten.	11
It's half past three.	7
It's twenty-five minutes past one.	14
It's twenty minutes past two.	9
It's five minutes to twelve.	10
It's ten minutes to six.	18
It's twenty minutes to twelve.	17
It's twenty minutes past six.	13
It's twelve o'clock.	20
It's five minutes past nine.	21
It's a quarter past one.	22
It's five minutes past twelve.	24
It's a quarter to seven.	23
It's five minutes to six.	19

Christmas Presents

Was wünscht du dir zu Weihnachten? Könntest du deinen Wunschzettel auf Englisch schreiben? Nimm ein Plättchen und suche auf der gegenüberliegenden Seite das Bild mit dieser Zahl! Dann suche das englische Wort dafür und lege das Plättchen auf das dahinter angegebene Feld der Kontrollplatte!

Beispiel: [1] Fußball = football 12
Also Plättchen [1] auf Feld 12.

	Feld
bike	7
birdcage	6
book	2
car	3
coat	21
doll	22
doll's house	16
drum	13
football	12
goldfish	23
guitar	4
hamster	24
jeans	15
Jumping Jack	8
knife	9
paint-box	5
pen	1
plane	20
pullover	11
record	19
teddy bear	10
train	14
trumpet	18
wrist-watch	17

Schreibe aus diesem Wunschzettel alle Dinge heraus, die du dir w i r k l i c h wünschst!

Schreibe aus diesem Wunschzettel alle Dinge heraus, dio du dir n i c h t wünschst!

Mother's Shopping-List

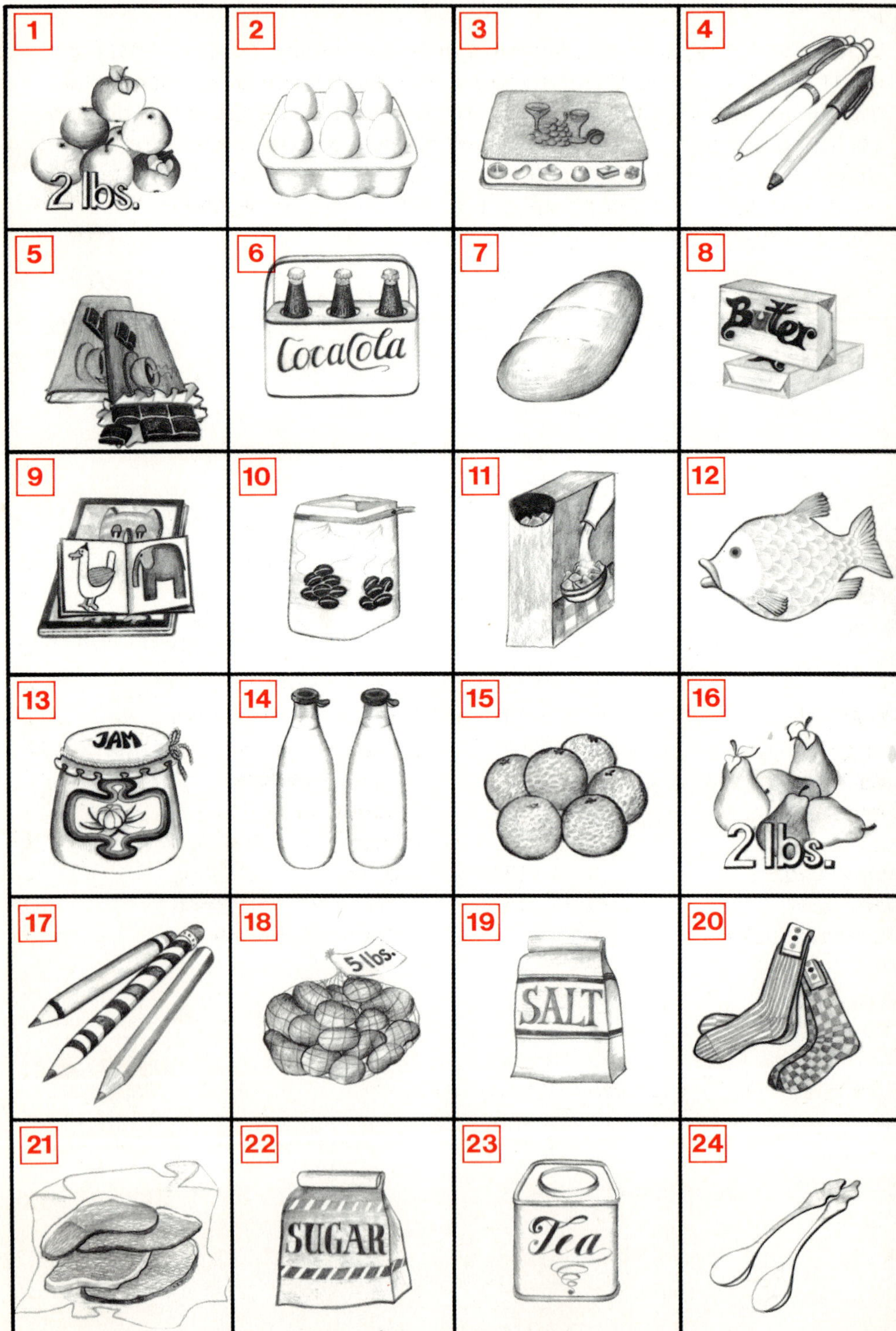

Mutter ist krank, und Susan muß für sie einkaufen gehen. Mutter gibt ihr einen Einkaufszettel mit, den du unten siehst. Als Susan nach Hause kommt und auspackt, merkt sie, daß sie einiges vergessen hat. Nimm ein Plättchen und suche auf der gegenüberliegenden Seite das Bild mit dieser Zahl! Dann suche auf Mutters Liste das entsprechende englische Wort und lege das Plättchen auf das dahinter angegebene Feld der Kontrollplatte!

Beispiel: [1] 2 Pfund Äpfel = 2 pounds of apples 9
Also Plättchen [1] auf Feld 9.

	Feld		Feld
bread	19	2 bottles of milk	1
fish	20	1 pound of sugar	2
jam	3	2 pounds of apples	9
marmalade	2	2 bars of chocolate	23
tea	16	3 bottles of Coca-Cola	8
tie	18	2 pounds of pears	4
3 ball pens	10	5 pounds of potatoes	6
6 eggs	7	2 pairs of socks	15
4 cakes	1	1 box of sweets	12
6 oranges	5	1 pound of coffee	24
3 pencils	13	1 pound of butter	21
2 tea-spoons	18	1 packet of cornflakes	22
4 steaks	17	1 pound of salt	14
2 picture-books	11	1 pound of bacon	2

Schreibe auf, was Susan vergessen hat!

Zeichne die Dinge, die Susan vergessen hat!

Mother's Menu

Mutter hat den Speisezettel für die nächste Woche aufgestellt. Könntest du ihn auf Englisch schreiben? Nimm ein Plättchen und suche auf Mutters Speisezettel diese Zahl! Dann überlege, wie dieses Gericht auf Englisch heißt und lege das Plättchen auf das hinter dem englischen Ausdruck angegebene Feld der Kontrollplatte!

Beispiel: 1 Tomatensuppe = tomato soup 11
Also Plättchen 1 auf Feld 11.

Montag	Dienstag	Mittwoch	Donnerstag	Freitag	Sonnabend
1 Tomatensuppe	2 Orangensaft	3 Hühnersuppe	4 Tomatensaft	5 Kartoffelsuppe	6 Coca-Cola
7 Huhn	8 Steak	9 Eier	10 Fleisch	11 Fisch	12 Würstchen
13 Salat	14 Möhren	15 Kartoffeln	16 Makkaroni	17 Reis	18 Brot
19 Milch	20 Eis	21 Apfel	22 Käse	23 Banane	24 Obstsalat

	Feld		Feld		Feld
apple	13	eggs	7	potatoes	20
banana	18	fish	5	potato soup	2
bread	19	fruit salad	14	rice	15
carrots	22	ice-cream	17	salad	24
cheese	21	macaroni	23	sausages	3
chicken	4	meat	1	steak	6
chicken soup	8	milk	16	tomato juice	12
Coca-Cola	10	orange juice	9	tomato soup	11

Schreibe den Speisezettel auf englisch in dein Heft!

Kannst du ihn mit den englischen Wochentagen schreiben?

What's This in English?

Hinter jedem deutschen Wort stehen drei englische Übersetzungen. Nur eine davon ist richtig! Suche die richtige heraus und lege das Plättchen auf das dahinter angegebene Feld der Kontrollplatte!

Beispiel: 1 Baum = tree 19
Also Plättchen 1 auf Feld 19.

1	Baum	three 1, tree 19, boom 20
2	bellen	ball 1, bell 7, bark 21
3	Dienstag	Tuesday 24, Thursday 22, Saturday 20
4	dort	dear 18, there 20, their 22
5	Eis	eyes 15, ice 17, is 19
6	Flugzeug	plane 22, plain 24, plan 2
7	kennen	can 10, know 15, comb 20
8	kaufen	by 11, buy 13, boy 15
9	Kuchen	cage 13, cake 23, cough 3
10	mit	white 16, with 18, might 20
11	Ohr	or 7, ear 14, hear 2
12	rot	rot 8, red 16, read 24
13	rufen	roof 1, call 7, rough 14
14	See	see 6, sea 9, she 12
15	sehen	sew 9, see 11, sea 13
16	Tisch	dish 5, teeth 6, table 8
17	waschen	watch 9, wash 3, was 18
18	wann	when 12, if 15, van 18
19	wer	where 10, who 4, wear 6
20	wie	why 10, how 1, who 4
21	wir	whir 1, we 5, our 10
22	wo	where 10, who 4, how 1
23	wohin	where 2, who 10, how 4
24	zu	to 6, two 12, zoo 18

What's This in German?

Hinter jedem englischen Wort stehen drei deutsche Wörter. Nur eins hat die gleiche Bedeutung! Suche das richtige deutsche Wort heraus und lege das Plättchen auf das dahinter angegebene Feld der Kontrollplatte!

Beispiel: 1 alarm-clock = Wecker 13
Also Plättchen 1 auf Feld 13.

1	alarm-clock	Alarmglocke 2, Wecker 13, Armbanduhr 7
2	doll	toll 11, Zoll 12, Puppe 15
3	hall	Hall 12, Halle 18, Loch 11
4	her	her 16, hier 15, ihr 14
5	hole	holen 12, Loch 5, Halle 18
6	how	wo 6, wie 16, wer 2
7	kitchen	Gefängnis 8, Küche 3, Küken 10
8	late	Latte 7, spät 1, lassen 17
9	letter	Leiter 7, Brief 17, später 7
10	map	Mappe 10, Karte 6, Maß 14
11	neck	Hals 2, necken 10, nicken 12
12	often	offen 1, oft 4, öffnen 20
13	or	Ohr 9, oder 19, unser 21
14	our	Ohr 9, oder 19, unser 21
15	past	nach 23, paßt 24, gegangen 22
16	pen	Füller 20, Penne 10, Pfanne 5
17	plane	Plan 12, Flugzeug 9, Ebene 15
18	ready	fertig 24, lesenswert 18, rötlich 12
19	see	See 16, sehen 10, sagen 8
20	shirt	Schürze 2, Rock 3, Hemd 7
21	their	dort 3, ihr 11, der 7
22	well	wollen 20, Welle 21, gut 22
23	where	wer 6, wo 8, wie 16
24	who	wer 12, wo 2, wie 16

Can You Do Sums?

Kannst du auf Englisch rechnen? Nimm ein Plättchen und löse die Aufgabe unter dieser Nummer! Das Ergebnis sagt dir, auf welches Feld der Kontrollplatte du das Plättchen legen mußt! Um es ein bißchen schwerer zu machen, haben wir die Zahlen ausgeschrieben. Vergiß nicht, laut zu rechnen!

Beispiel: 1 eleven plus eight is nineteen.
Also Plättchen 1 auf Feld 19.

1 eleven + eight =
2 nine + thirteen =
3 thirteen + eleven =
4 forty-five — twenty-five =
5 nine + eight =
6 seventy-eight — fifty-seven =
7 sixty-nine — fifty-three =
8 seven + six =
9 seven + sixteen =
10 twenty-nine — eleven =
11 sixty-five — fifty-one =
12 seven + eight =
13 fifty-nine — fifty-two =
14 three + seven =
15 fifty-nine — forty-eight =
16 eighty-seven — seventy-nine =
17 eighteen fourtoon –
18 forty-seven — thirty-five =
19 ten — seven =
20 twenty — nineteen =
21 thirty-three — twenty-eight =
22 ninety-four — eighty-five =
23 thirteen — eleven =
24 forty-four — thirty-eight =

Hast du alle Aufgaben richtig gerechnet?
Dann schreibe sie so in dein Heft, wie es im Beispiel angegeben ist!

Denke dir andere Rechenaufgaben aus und schreibe sie auf!

Can You Form New Words?

In der linken Spalte stehen 24 Wörter, die mit denen in der rechten Spalte neue sinnvolle Wörter bilden können. Nimm ein Plättchen und suche in der linken Spalte das der Zahl entsprechende Wort! Dann suche in der rechten Spalte das dazu passende Wort und lege das Plättchen auf das dahinter angegebene Feld der Kontrollplatte!

Beispiel: 1 after – noon 15
Also Plättchen 1 auf Feld 15.

			Feld
1	after	ball	20
2	alarm	bear	18
3	apple	board	19
4	arm	body	14
5	beat	book	17
6	birth	chair	16
7	black	clock	7
8	break	coat	9
9	bus	cream	4
10	can	day	8
11	corn	fast	21
12	foot	fish	3
13	gold	flakes	22
14	grand	mother	1
15	home	music	23
16	ice	noon	15
17	jet	not	24
18	news	paper	6
19	no	plane	13
20	rain	pot	10
21	song	stop	11
22	table	tennis	2
23	tea	tree	12
24	teddy	work	5

Wenn du alle Wörter richtig zusammengesetzt hast, schreibe die neuen Wörter in dein Heft!

Words That Rhyme

Wenn du die englischen Wörter „plane“ und „rain“ laut sprichst, merkst du, daß sie bis auf die Anfangsbuchstaben gleich ausgesprochen werden, obwohl man sie ganz verschieden schreibt. Man kann also sagen, sie reimen. In den beiden untenstehenden Spalten reimen nur je zwei Wörter aufeinander. Nimm ein Plättchen und suche in der linken Spalte das Wort mit dieser Zahl! Dann suche in der rechten Spalte das dazu passende Reimwort und lege das Plättchen auf das dahinter angegebene Feld der Kontrollplatte! Es hilft, wenn du die Wörter laut liest!

Beispiel: 8 daughter – water 13
Also Plättchen 8 auf Feld 13.

			Feld
1	all	ball	1
2	box	bark	21
3	bread	bear	17
4	buy	blue	19
5	chair	go	23
6	child	goes	8
7	cook	house	11
8	daughter	late	5
9	eight	look	15
10	fork	make	24
11	grey	my	2
12	how	nice	9
13	key	now	16
14	mice	rain	12
15	mouse	run	20
16	nose	said	6
17	park	see	7
18	plane	sees	22
19	please	shirt	10
20	shoe	socks	3
21	show	they	14
22	skirt	walk	18
23	son	water	13
24	steak	wild	4

Hast du die richtigen Reimwörter gefunden?
Dann schreibe die Wörter, die reimen, nebeneinander in dein Heft!

Missing Letters

Hier siehst du 24 Wörter, denen jeweils ein Buchstabe fehlt. Kannst du sagen, welcher? Nimm ein Plättchen und suche das Wort mit dieser Zahl! Dann suche den fehlenden Buchstaben und lege das Plättchen auf das dahinter angegebene Feld der Kontrollplatte!

Beispiel: 1 a–nt = a**u**nt, u 19
Also Plättchen 1 auf Feld 19.

			Feld
1	a–nt	a	11
2	bic–cle	b	20
3	bl–use	c	7
4	–rother	d	5
5	chocola–e	e	12
6	cle–er	f	18
7	cu–board	g	4
8	e–ercise	h	23
9	eig–t	i	10
10	fi–teen	k	21
11	fo–ty	l	6
12	–uess	m	8
13	kit–hen	n	22
14	–nife	o	24
15	marm–lade	p	3
16	–onday	q	1
17	new–paper	r	14
18	nin–ty	s	9
19	penc–l	t	17
20	–uestion	u	19
21	sala–	v	16
22	Wed–esday	w	2
23	tomorro–	x	13
24	yel–ow	y	15

Wenn du alle Buchstaben richtig eingesetzt hast, schreibe die vollständigen Wörter in dein Heft!

Denke dir selber Wörter aus, schreibe sie unvollständig auf und zeige sie deinem Nachbarn! Ob er weiß, welche Wörter du meinst und welche Buchstaben fehlen?

Missing Words

Hier sind 24 Sätze, in denen jeweils ein Wort fehlt. Kannst du sagen, welches? Nimm ein Plättchen und suche den Satz mit dieser Zahl! Dann suche das in diesem Satz fehlende Wort und lege das Plättchen auf das dahinter angegebene Feld der Kontrollplatte! Lies den Satz zur Sicherheit noch einmal laut!

Beispiel: 1 How – is the dress? = much 12
Also Plättchen 1 auf Feld 12.

			Feld
1	How – is the dress?	after	23
2	The dress is only three – .	apple	8
3	They are watching – .	barking	20
4	She has got her new blouse – .	bed	4
5	Father is – a letter.	bedroom	3
6	Paul is – a bike.	do	19
7	Michael must go to – .	does	15
8	Susan is drinking a glass of – .	flowers	5
9	Bill is eating an – .	Friday	13
10	There are a – of apples in the basket.	it	17
11	Mother is watering the – .	looking	21
12	There are two beds in the – .	lot	1
13	Listen, the alarm-clock is – .	milk	6
14	It is half past – .	much	12
15	Listen, the dog is – .	nine	22
16	The dog is running – the cat.	on	11
17	Every day Father – the newspaper.	pounds	10
18	– you like cornflakes?	reads	16
19	– he want tea or coffee?	reading	2
20	The girl is playing – her doll.	riding	9
21	He is playing – piano.	ringing	24
22	He is – at the picture.	television	7
23	What day is – today?	the	14
24	Today is – .	with	18

Prepositions

Kennst du die englischen Präpositionen? Hier sind 24 Sätze, in denen die Präpositionen ausgelassen sind. Rechts daneben stehen drei Präpositionen, von denen jedoch nur eine richtig ist. Nimm ein Plättchen und suche den entsprechenden Satz! Dann lege das Plättchen auf das Feld der Kontrollplatte, das bei der richtigen Präposition angegeben ist!

Beispiel: 1 The book is ___ the table. = on 17
Also Plättchen 1 auf Feld 17.

1	The book is ___ the table.	on 17, at 1, of 7
2	The tree is ___ the house.	in front of 13, for 8, of 11
3	The garage is ___ the house.	after 11, behind 10, to 12
4	He is sitting ___ the table.	at 18, to 12, off 13
5	She is looking ___ the picture.	at 3, on 4, of 5
6	They listen ___ the radio.	on 11, to 14, at 13
7	The dog runs ___ the cat.	at 24, after 1, on 2
8	The children go ___ bus.	by 5, with 3, on 4
9	It's half ___ three.	behind 7, after 8, past 9
10	I've got a present ___ you.	for 4, of 5, to 6
11	He was born ___ 1960.	on 4, in 6, at 6
12	Mother goes ___ the kitchen.	in 5, into 2, at 7
13	Helen comes ___ the kitchen.	out 19, out of 23, without 21
14	Peter is ___ the street.	in 19, on 20, at 21
15	Is he ___ home?	to 19, in 20, at 21
16	There is a flower ___ the picture.	on 22, in 24, at 24
17	The children go ___ school.	to 7, at 14, toward 15
18	She must go ___ bed.	in 20, into 21, to 22
19	She is looking ___ the window.	out of 8, off 19, of 20
20	There is a picture ___ the wall.	on 11, at 15, to 16
21	___ Sundays I get up late.	on 15, at 16, in 17
22	It's ten minutes ___ eight.	to 20, for 1, before 2
23	Write a letter ___ her.	on 15, at 16, to 12
24	I'm waiting ___ her.	for 16, at 17, of 18

More Prepositions

Hier sind 24 Sätze und 24 Präpositionen. Kannst du in jeden Satz die richtige Präposition einsetzen? Nimm ein Plättchen und suche den Satz mit dieser Zahl! Dann suche die in diesem Satz fehlende Präposition und lege das Plättchen auf das dahinter angegebene Feld der Kontrollplatte!

Beispiel: 7 What do you know ___ him? = about 2
Also Plättchen 7 auf Feld 2.

			Feld
1	Here is a present ___ you.	about	2
2	The children go to school ___ bus.	across	1
3	I've got a letter ___ my friend.	at	3
4	The sun shines ___ the day.	after	4
5	The letter A comes ___ B.	before	6
6	The sun is ___ the clouds.	behind	13
7	What do you know ___ him?	between	5
8	The dog is running ___ the cat.	by	14
9	What's this ___ English?	during	15
10	The letter B comes ___ A and C.	for	16
11	He is looking ___ the picture.	from	17
12	There's a bridge ___ the river.	in	18
13	The train goes ___ the tunnel.	in front of	7
14	It's half ___ six.	into	8
15	Ann is playing ___ the doll	of	9
16	They listen ___ the radio.	on	10
17	Mother goes ___ the bedroom.	out of	11
18	I like black coffee; I like it ___ milk.	over	12
19	The front garden is ___ the house.	past	20
20	There is a picture ___ the wall.	round	19
21	Can you jump ___ the gate?	through	22
22	The earth moves ___ the sun.	to	21
23	Do you want a cup ___ tea?	with	24
24	Mother comes ___ the kitchen.	without	23

Can You Form Sentences?

Hier siehst du zwei Spalten mit je 24 Wortgruppen. Zu jeder Wortgruppe der linken Spalte paßt nur eine Wortgruppe der rechten Spalte, um einen sinnvollen Satz zu bilden. Nimm ein Plättchen und suche die Wortgruppe mit dieser Zahl in der linken Spalte! Dann suche die dazu passende Wortgruppe in der rechten Spalte und lege das Plättchen auf das dahinter angegebene Feld der Kontrollplatte! Wenn du dabei die Wortgruppen und Sätze laut liest, kannst du sie besser behalten bzw. zusammensetzen.

Beispiel: 1 She often ___ watches television. 13
Also Plättchen 1 auf Feld 13.

			Feld
1	She often ___	by bus.	1
2	She is reading ___	all the questions.	2
3	Mother is picking ___	his shoes.	3
4	He cannot answer ___	breakfast.	4
5	They are playing ___	football.	5
6	Father is having ___	flowers.	6
7	Peter is cleaning ___	years old.	7
8	They always go ___	reading the newspaper.	8
9	In the evening ___	the door, please.	9
10	Every day he drinks ___	at the picture.	10
11	He is eating a ___	picture.	11
12	He often listens ___	read the newspaper.	12
13	I am ten ___	watches television.	13
14	Open ___	sandwich.	14
15	Helen is painting a ___	a book.	15
16	Paul can ride ___	to the radio.	16
17	The cat is running after ___	they watch television.	17
18	I want to say ___	a glass of milk.	18
19	He is looking ___	a song.	19
20	We are singing ___	a bike.	20
21	The cat is sitting ___	the mouse.	21
22	They wear ___	school uniforms.	22
23	Father is ___	on a chair.	23
24	He wants to ___	good-bye.	24

Schreibe die vollständigen Sätze in dein Heft!

Can You Form Questions?

Die englische Fragebildung ist gar nicht so schwer. Aus den beiden Spalten der untenstehenden Wortgruppen kannst du bestimmt sinnvolle Fragen bilden. Nimm ein Plättchen und suche die Wortgruppe mit dieser Zahl in der linken Spalte! Dann suche die dazu passende Wortgruppe in der rechten Spalte und lege das Plättchen auf das dahinter angegebene Feld der Kontrollplatte! Lies die Frage zur Sicherheit noch einmal laut!

Beispiel: 2 Can you – form questions? 7
Also Plättchen 2 auf Feld 7.

			Feld
1	Are ___	he got a football?	1
2	Can you ___	is this?	2
3	Do ___	you got a pen?	22
4	Do you speak ___	pencil?	21
5	Does ___	she like tea?	5
6	Does he like tea ___	this a pencil?	6
7	Has ___	are these balls?	19
8	Have ___	you do?	20
9	How ___	see in the picture?	4
10	Is ___	is it today?	3
11	Is this my ___	this pencil?	23
12	What ___	doing?	24
13	What can you ___	form questions?	7
14	What colour ___	or coffee?	8
15	What colour is ___	you reading?	9
16	What day ___	English?	10
17	What has ___	much is this pen?	11
18	What is he ___	you like tea?	12
19	What is there ___	Paul got?	13
20	What's ___	in the room?	14
21	What's the ___	your name?	15
22	What will ___	children?	16
23	Where are the ___	time?	17
24	Where are they ___	going?	18

Schreibe die vollständigen Fragen in dein Heft!
Kannst du auch Antworten dazuschreiben?

Can You Answer Questions?

Kannst du diese Fragen sinnvoll beantworten? Nimm ein Plättchen und suche die dazugehörige Frage! Dann suche die dazu passende Antwort und lege das Plättchen auf das dahinter angegebene Feld der Kontrollplatte!

Beispiel: [12] Can you answer questions? = Yes, I can. 20
Also Plättchen [12] auf Feld 20.

			Feld
1	What's the time?	Yes, he does.	1
2	What day is it today?	Yes, it is.	2
3	How do you do?	He's in his room.	3
4	How are you?	He's my friend.	4
5	How much is this dress?	Yes, they do.	5
6	Do you want a cup of tea?	She's going into the shop.	6
7	Can I have a cup of tea?	I'm reading.	8
8	Do you go to school by bus?	It's in the cage.	7
9	What does Peter like?	Yes, they are.	10
10	Does Helen like apples?	Yes, I have.	9
11	How old are you?	I've got three.	12
12	Can you answer questions?	No, he hasn't.	11
13	Where is Martin?	Yes, please.	14
14	Does he go to school by bike?	It's Monday.	13
15	Do they go to school by train?	Fine, thank you.	16
16	Who is Martin?	It's half past ten.	15
17	Where is the bird?	How do you do?	18
18	Where is Mother going?	He likes ice-cream.	17
19	What are you doing?	Here you are.	19
20	Have you got a pen?	Yes, I can.	20
21	Has he got a car?	Yes, I do.	21
22	Is this your ball?	I'm eleven.	22
23	Are these your books?	It's five pounds.	23
24	How many pencils have you got?	Yes, she does.	24

Wenn du alle Fragen richtig beantwortet hast, schreibe die Fragen mit ihren Antworten in dein Heft!

Question Words

Du siehst hier 24 Fragen, in denen das erste Wort fehlt. Kannst du das richtige Fragewort einsetzen? Nimm ein Plättchen und suche die dazugehörige Frage! Dann suche aus den drei gegebenen Fragewörtern das richtige aus und lege das Plättchen auf das dahinter angegebene Feld der Kontrollplatte!

Beispiel: 1 – is the car? = where 9
Also Plättchen 1 auf Feld 9.

1	– is the car?	where 9, how 10, who 11
2	– 's this in English?	what 8, how 7, which 6
3	– do you go?	who 10, where 11, how 12
4	– does she want?	what 10, how 9, where 11
5	– likes oranges?	where 22, who 23, what 25
6	– do you live?	who 23, where 7, when 8
7	– old are you?	who 18, which 20, how 19
8	– 's the time?	how 19, who 20, what 21
9	– day is it today?	why 10, how 11, what 12
10	– colour are her eyes?	how 20, what 24, why 1
11	– much is this dress?	what 20, how 22, who 24
12	– does he work?	who 18, which 19, where 20
13	– 's your name?	how 1, which 2, what 3
14	– are you doing?	how 2, when 14, what 1
15	– book is this?	who 4, whose 5, where 6
16	– friend is he?	whose 4, who 5, how 6
17	– do you leave?	whose 10, when 14, which 18
18	– are you?	when 1, how 6, which 13
19	– book do you like better, the song-book or the picture-book? . . .	whose 10, which 13, where 16
20	– books do you like best?	which 15, how 10, where 22
21	– is she talking to?	when 11, who 18, where 20
22	– is in the garden?	where 1, who 2, when 3
23	– time does school begin?	when 10, which 13, what 16
24	– were you born?	who 12, when 17, what 22

Suche dir einige dieser Fragen aus, schreibe sie auf und schreibe eine passende Antwort dazu!

Find the Outsider

Hier sind 24 Zeilen mit je vier Wörtern. Wenn du die Wörter laut liest, wirst du merken, daß immer drei den gleichen Laut haben, ein Wort jedoch einen anderen. Das ist der „Außenseiter“. Nimm ein Plättchen und lies die Wörter dieser Zeile laut! Dann lege das Plättchen auf das beim „Außenseiter“ angegebene Feld der Kontrollplatte.

Beispiel: 1 **ea**t [i:t] 5, t**ea** [ti:] 6, cl**ea**n [kli:n] 7, st**ea**k [steik] 3.
Also Plättchen 1 auf Feld 3.

1	**ea**t 5, t**ea** 6, cl**ea**n 7, st**ea**k 3
2	**au**nt 1, s**au**cer 11, d**au**ghter 12, n**au**ghty 13
3	bl**ou**se 3, h**ou**se 4, m**ou**se 5, y**ou** 6
4	b**o**th 4, br**o**ther 5, m**o**ther 6, **o**ther 7
5	br**ea**d 10, br**ea**k 11, h**ea**d 12, r**ea**dy 13
6	ch**i**ldren 1, ch**i**ld 2, m**i**lk 3, w**i**ndow 4
7	b**u**s 7, p**u**llover 8, p**u**t 9, s**u**gar 10
8	b**a**ll 5, f**a**ll 6, h**a**ll 7, h**a**llo 10
9	f**i**ve 5, f**i**fteen 6, f**i**fty 7, f**i**sh 8
10	c**oo**k 9, g**oo**d 10, l**oo**k 11, sch**oo**l 12
11	h**ow** 7, n**ow** 8, br**ow**n 10, sh**ow** 9
12	l**u**nch 5, n**u**mber 6, pl**u**s 7, r**u**ler 8
13	n**o**thing 10, s**o**me 12, s**o**n 14, s**o**ng 16
14	**o**ld 10, **o**ne 13, **o**nly 16, **o**pen 19
15	h**ow** 17, kn**ow** 18, sh**ow** 19, wind**ow** 20
16	d**ear** 8, **ear** 10, n**ear** 12, p**ear** 15
17	**th**e 10, **th**eir 12, **th**ey 14, **th**ree 19
18	mou**th** 15, o**th**er 18, tee**th** 21, too**th** 24
19	w**a**ll 20, w**a**nt 21, w**a**sh 22, w**a**tch 23
20	**wh**at 18, **wh**ere 19, **wh**ite 20, **wh**o 21
21	s**o**ck 22, s**o**n 23, s**o**ng 24, s**o**rry 1
22	**b**all 10, **b**oy 11, **b**us 12, com**b** 14
23	gl**a**ss 20, d**a**nce 21, f**a**ce 22, p**a**st 23
24	n**a**me 21, p**a**ge 22, pl**a**n 24, pl**a**ne 23

Test Your Pronunciation

Hier siehst du 120 englische Wörter in zwei Spalten. Kannst du sie alle richtig aussprechen? Nimm ein Plättchen, suche das Wort mit dieser Zahl in der linken Spalte und sage es laut! Dann lies die dazugehörigen Wörter in der rechten Spalte und lege das Plättchen auf dasjenige Feld der Kontrollplatte, das bei dem Wort mit dem g l e i c h e n Laut angegeben ist!

Beispiel: 1 this [i] – time [ai] 1, white [ai] 2, with [i] 3, write [ai] 4.
Also Plättchen 1 auf Feld 3.

1	this	time 1, white 2, with 3, write 4
2	**ea**t	**ea**r 22, h**ea**d 23, st**ea**k 24, t**ea** 7
3	y**e**s	p**e**n 12, pock**e**t 7, th**e** 8, w**e** 9
4	h**a**t	**a**rm 1, gl**a**ss 2, h**a**ll 3, h**a**nd 4
5	c**a**r	**a**pple 15, c**a**ll 16, c**a**t 17, g**a**rden 24
6	p**ou**nd	c**ou**nt 8, y**ou** 3, y**ou**ng 4, y**ou**r 5
7	s**o**me	g**o** 12, d**o**g 13, m**o**ther 20, w**o**man 15
8	n**i**ne	d**i**nner 14, f**i**fteen 15, wh**i**te 16, w**i**ndow 17
9	n**a**me	b**a**ll 3, c**a**t 4, t**a**ble 11, w**a**nt 6
10	**o**ld	h**o**me 23, **o**n 18, tw**o** 19, w**o**rk 20
11	b**u**s	bl**u**e 11, p**u**t 12, s**u**gar 13, **u**nder 15
12	p**oo**dle	b**oo**k 10, g**oo**d 11, l**oo**k 12, sp**oo**n 19
13	h**ow**	fl**ow**er 10, sh**ow** 11, wind**ow** 12, yell**ow** 13
14	hock**ey**	gr**ey** 6, k**ey** 7, mon**ey** 2, th**ey** 9
15	b**ear**	**ear** 9, d**ear** 10, n**ear** 11, p**ear** 6
16	book**s**	boy**s** 7, chair**s** 8, lamp**s** 9, shoe**s** 10
17	boy**s**	book**s** 17, hat**s** 18, lamp**s** 20, shoe**s** 13
18	**ea**r	**ea**t 9, b**ea**r 10, n**ea**r 5, p**ea**r 12
19	**w**all	flo**w**er 18, sho**w** 19, **w**ith 14, yello**w** 21
20	**th**ere	mou**th** 19, tee**th** 20, **th**ey 21, **th**ree 22
21	**th**ree	bo**th** 17, fa**th**er 24, **th**ere 1, wi**th** 2
22	**g**et	ca**g**e 5, **G**erman 6, **g**ive 1, oran**g**e 8
23	p**u**t	b**u**s 20, b**u**tter 21, s**u**gar 22, **u**ncle 23
24	sh**ow**	br**ow**n 21, h**ow** 22, n**ow** 23, yell**ow** 18

Opposites

Hier sind zwei Spalten mit je 24 Wörtern. Jedes Wort in der rechten Spalte bedeutet das Gegenteil von einem Wort in der linken Spalte. Nimm ein Plättchen und suche das Wort mit dieser Zahl in der linken Spalte! Dann suche in der rechten Spalte das Wort mit der gegenteiligen Bedeutung und lege das Aufgabenplättchen auf das dahinter angegebene Feld der Kontrollplatte!

Beispiel: 1 first – last 19
Also Plättchen 1 auf Feld 19.

			Feld
1	first	after	2
2	old	to answer	23
3	black	big	5
4	short	to buy	20
5	small	to come	9
6	to open	cool	18
7	thick	difficult	4
8	quick	dirty	3
9	bad	down	14
10	warm	good	11
11	before	last	19
12	yes	long	8
13	answer	merry	10
14	to go	no	16
15	to ask	poor	6
16	to sell	question	7
17	clean	to shut	22
18	man	slow	13
19	easy	to take	17
20	happy	thin	15
21	to give	unhappy	1
22	sad	white	24
23	up	woman	12
24	rich	young	21

Wenn du alle 24 Aufgaben richtig gelöst hast, schreibe die Wörter mit ihrer gegenteiligen Bedeutung in dein Heft!